काश तुम समझ पाते

स्वराज धर द्विवेदी

Copyright © Swaraj Dhar Dwivedi
All Rights Reserved.

This book has been self-published with all reasonable efforts taken to make the material error-free by the author. No part of this book shall be used, reproduced in any manner whatsoever without written permission from the author, except in the case of brief quotations embodied in critical articles and reviews.

The Author of this book is solely responsible and liable for its content including but not limited to the views, representations, descriptions, statements, information, opinions and references ["Content"]. The Content of this book shall not constitute or be construed or deemed to reflect the opinion or expression of the Publisher or Editor. Neither the Publisher nor Editor endorse or approve the Content of this book or guarantee the reliability, accuracy or completeness of the Content published herein and do not make any representations or warranties of any kind, express or implied, including but not limited to the implied warranties of merchantability, fitness for a particular purpose. The Publisher and Editor shall not be liable whatsoever for any errors, omissions, whether such errors or omissions result from negligence, accident, or any other cause or claims for loss or damages of any kind, including without limitation, indirect or consequential loss or damage arising out of use, inability to use, or about the reliability, accuracy or sufficiency of the information contained in this book.

Made with ♥ on the Notion Press Platform
www.notionpress.com

इस किताब को पठन-पाठन के लिए उपलब्ध कराने के लिए जिन लोगों ने मेरा सहयोग सभी को धन्यवाद देता हूं उम्मीद करता हूं कि आने वाले समय में हर कोई मुझे अपनी रचनाओं को और बेहतर रूप देने में सहयोगी होगा एवं मेरे द्वारा लिखे गए विषय को पढ़कर सभी मुझे और बेहतर काव्य लेखन करने के लिए प्रोत्साहित करते रहेंगे

क्रम-सूची

प्रस्तावना	vii
1. तुम सबसे अलग हो	1
2. ये मेरे शब्द	2
3. प्यार भी दोस्ती है	4
4. आदत सी हो गई थी	5
5. ए मेरे दोस्त तुम अब तो पास आओ ना	7
6. मेरे बनकर आना तुम	9
7. हो सके तो साथ दे दो	11
8. सबसे अच्छी दोस्ती है	13
9. बचपन दुबारा चाहिए	15
10. भारत ये रहना चाहिए	17
11. तुम सबसे अलग हो	19
12. इश्क करके गुनहगार हो गए	21
13. दोस्ती	22
14. सब बदल रहा है अब	23
15. मन के शब्द	25
16. वही है मेरी मॉ	27
17. जब जरूरत भी तो तुम थे	29
18. हर कोई तड़पता हैं	30
19. सब कुछ इतना आसन नही है	31
20. ये मतलबी	32
21. हर रिश्ते में मुस्कुराना चाहिए	33
22. मैं कोशिश जरुर करूंगा	34
23. बदलते लोग	35

• v •

क्रम-सूची

24. बहन भी दोस्त है	36
25. तुमको मेरा साथ देना ही होगा_	37
26. ये अजीब जिन्दगी	38
27. वो सबसे अलग है	39
28. सच्चाई और अच्छाई	40
29. तेरा मेरा ये रिश्ता	41
30. वो मुझे फिर भी चाहिए	42
31. तुम्हारे लिए कोशिश की	44
32. सपनो की सैर	45
33. तुम समझा करो ना	46
34. तुम फिक्र ना करना	47
35. मुझे आदत हैं	48

प्रस्तावना

इस किताब को लिखने का उद्देश्य यह है कि मैं अपने विचारों को इस किताब के माध्यम से समाज के सामने रखना चाहता हूं और इस किताब को लिखकर मैं अपने विचार सही से प्रस्तुतकर किताब लेखन क्षेत्र में आगे बढ़ने की कोशिश करूंगा और मुझे उम्मीद है कि मेरे द्वारा लिखे गए काव्य-विषयों को पढ़कर आप आनंदित महसूस करेंगे

1. तुम सबसे अलग हो

तुम्हारा गुस्सा तो बहुत खतरनाक होता है
पर जब तुम खुश तो मुस्कुराती भी बहुत हो
तुम बात तो रोज ही करती हो हमसे
पर रहकर कामों में व्यस्त मुझे सताती भी बहुत हो
वैसे तो तुम्हे भुला तो कोई भी नही सकता पर मिलने के बाद
तुम याद हमें आती भी बहुत हो
हर किसी से तो तुम करती नही हो दोस्ती
पर अपनों का साथ तुम निभाती भी बहुत हो
वैसे तो हमें भी जीने का तरीका बखूबी मालूम है,
फिर भी तुम हमें हर चीज सिखाती भी बहुत हो
माफी तो हम बेवजह ही कई बार मांग लेते हैं तुमसे
फिर भी तुम माफ करते वक्त इतराती भी बहुत हो
होली से लेकर हर त्योहार में ही मेरा तुमसे मिलने का मन होता है
पर त्यौहार आते ही तुम गांव की ओर जाती भी बहुत हो
मै जानता हूं कि तुम्हे मेरी कविताएँ पसंद आती हैं
और तुम मेरी कविताओ को पढकर शर्माती भी बहुत हो
सच कहूं तो तुमसे कोई भी शिकायत नही है मुझको
पर यार तुम मुझसे पूछकर ढेरो सवाल मुझे पगलवाती क्यों हो
तुम जैसी दोस्त पाना तो हर किसी के नसीब मे नही होता
पर देखकर अपने दोस्तो को तकलीफ में तुम घबराती भी बहुत हो

2. ये मेरे शब्द

तुम जैसे हो आज, हर दम यूँ ही रहना क्योंकि आज कल हर कोई पल में बदल जाता है।
अब तो तुम्हारी आदत सी है मुझे इसलिए ही चाहता हूॅ कि
हरपल साथ रहो तुम क्योंकि तुम्हारा साथ बस पाकर मेरा चेहरा खिल जाता है।
चाहता हूॅ कि तुम सिर्फ मेरे बनकर रहो और कुछ न चाहिए मुझे तुमसे
क्येांकि तुमको पाकर ही मुझे बाकी सब कुछ मिल जाता है
फासलें मेरे तुम्हारे बीच के कम ही रखना
क्येांकि तुम जाते हो पल भर के लिए भी दूर तो तुम्हे खोने का डर मुझे बेहद सताता है
तुम बात कम करो हमसे पर नाराज मत रहना कभी
क्योंकि तुम्हे परेशान देख भी मेरा दिल भर आता है
आज के दौर में कोई भी तुम जैसा नही, जो हमेशा साथ रहना चाहे मेरे
क्येांकि आज तो हर कोई देकर कुछ पल का साथ दूरियां बनाता है
तुमसे मेरा रिश्ता सिर्फ एक जन्म का नही हर जन्म का है
क्येांकि एक तुम ही मेरे जैसे हो, वर्ना कौन आज के दौर में इस तरह से रिश्ता निभाता है
मेरी पहचान हो तुम, आदत हो तुम, इबादत हो तुम
इसलिए ही चाहता हूॅ कि तुम भी मुझे समझो क्योंकि जमाना तो मुझे बुरा ही बताता है
इस बदलते दौर में तुम दुनिया के बारे में ज्यादा सोचा मत करो
क्योंकि यहां कोई दूजा ऐसा नही मिलेगा तुम्हे जो सिर्फ तुम्हारी खुशियां चाहता है

इस काल में हर कोई परेशान हो चुका है
पर आज भी तुम्हारा नाम सुनते ही मेरी हर परेशानी का हल मुझे मिल जाता है

3. प्यार भी दोस्ती है

वो बेशक दोस्त है मेरी पर मेरा रिश्ता उसके साथ प्यार का ही है
तो मै क्यों उसे किसी और का हो जाने दूं
मैने सारे रिश्ते को ही उसके साथ निभाना चाहा है
तो मै क्यों दुनिया की भीड में उसे खो जाने दूं
मुझे सिर्फ मीठा संबंध और कुछ पल का साथ चाहिए उससे,
तो क्यों मैं किसी नए को कभी भी उसकी जिंदगी में आने दूं
जितनी समझ सकती है वह मुझे उतना
तो मै कुछ भी नही समझ पाता, तो क्यों मै उसको किसी और से रिश्ता बनाने दूं
उसकी चोंट का दर्द मुझे भी बहुत महसूस होता है,
तो क्यों मे किसी तकलीफ में उसे तन्हा छोडकर आंसू उसे बहाने दूं
भले वो ना कहे मुझे अपना, पर मेरा तो सिर्फ उससे ही रिश्ता है,
तो क्यों मै उसे फरेब की गलियों में कदम बढाने दूं
उसकी मुस्कुराहट देख ही कई बार मै अपने गम भुलाता हूं
तो क्यों एक पल की लिए भी उसके चेहरे पे उदासी छाने दूं
इश्क है या मित्रता ये तो मालूम नहीं पर उसके साथ रिश्ता बहुत गहरा सा है हमारा
तो क्यों उसको मैं उसके दिल में पराए इंसान को सामने दूं
समय के साथ खुद में बदलाव लाना भी कई बार जरूरी होता है
पर कई बार समय के साथ लोग बदलकर अपनों को ही भुला देते हैं
तो क्यों मै ऐसे परिवर्तन उसको आजमाने दूं

4. आदत सी हो गई थी

वो तो अब हमसे बाते भी नही करता जिसकी आदत सी है
हमें शायद बदलकर वो खुद को अब हमें भूलना चाहता है
हम थक चुके है उनकी खबर पूछ पूछकर जमाने से
अब तो लोग कहते है कि वो हमें सिर्फ तडपाना चाहता है
शायद हमारी ही गलती है जो हम उनके इतने यूं करीब आ गए थे
क्योंकि वो तो हमें हर बार ही सिर्फ आजमाना चाहता है
उसकी हर बात ही सबसे अलग होती है उसके जैसा दूजा कोई नही
तभी तो खोकर अपना सबकुछ भी हमारा ये दिल उन्हे पाना चाहता है
हमने आजतक जिससे भी बनाए कोई रिश्ते वो सभी लोग हमें हमसे जरूरी होते है
पर वो तो हमें सिर्फ जरूरत पडने पर ही आवाज लगाना चाहता है
सालो बीत गए कभी टूटने का एहसास न हुआ था आज जब चाहा उसको टूटकर
तो वो शख्स हमें मतलबी कहकर दूरियां बनाना चाहता है
जाहिर है आजकल हर कोई सिर्फ सूरत और सीरत देखकर ही किसी को अपनाता है
पर हमने जिसे अपनाया था उसका व्यवहार देखकर
आज वही इंसान हमें दर्द का एहसास कराना चाहता है
जख्म तो उनकी अपनी आदत बनाकर ही हमल गया था हमें
क्योंकि रात बीतने के बाद ही सुबह का सूरज सबको नींद से जगाना चाहता है
जिनका साथ देने के लिए हमने जमाने को ही छोड दिया था,
आज वही इंसान हमें पराया बनाना चाहता है

हद से ज़्यादा ही उम्मीद लगाई थ हमने उनसे जो हमारी आदत बनकर
अब गैरों से रिश्ता निभाना चाहता है

5. ए मेरे दोस्त तुम अब तो पास आओ ना

आओ जल्दी बैठो साथ मेरे, आकर मेरे पास भी थोडा समय तुम संग मेरे भी बिताओ ना
हां चलो मत करो मेरी परवाह जरा भी तूम पर तुम खुद को खुलकर मुस्कुराओ ना
मेरा मन अकेलेपन के कारण उदास है, तुम दोस्त हो मेरे जरा मेरा भी साथ निभाओ ना
दिन चहे सन्डे का हो या मंडे का,
पर तुम रोज ही समय निकालकर मुझसे मिलने आओ ना
बेशक तुम्हारी जिंदगी में भी ढेरो मुश्किलें होगी,
अगर तुम्हे जरूरत हो मेरी तो मुझे जरा बताओ ना
मै तो रोज ही पागलों की तरह तुम्हारे मैसेज का इंतेजार करना चाहूंगा
इसलिए हो सके तो करके हमसे थोडी बातें तुम मुझे जरा हंसाओ ना
फिक्र मत करेा मेरी इस दोस्ती से तुमको कोई दिक्कत नहीं होगी
इसलिए देकर मेरा साथ तुम भी इस दोस्ती के रिश्ते का मान बढाओ ना
इन दिनो मेरा भी मन किसी से बात करने का नही होता है
पर तुम अगर हो मेरे मित्र तो मुझसे करके बातें तुम मेरे गमों को मिटाओ ना
सुबह से लेकर रात तक हर मिनट ही मै एक सोंच में खोया रहता हूं,
हो अगर संभव तो मेरे मन में तुम आकर खुद बस जाओ ना

ये बात जगजाहिर है कि श्री कृष्ण ने भी राधा से अधिक परवाह की थी मित्र सुदामा की, इसलिए तुम मुझे भी सुदामा की तरह चाहो ना

6. मेरे बनकर आना तुम

रात में थककर जब नींद के पास मै जाना चाहूं
तो मेरी थकान को मुझसे बात करके मिटाना तुम
जब भी परेशान होकर मै खामोशी से बैठूं
तो आकर मेरे पास मेरे चेहरे की उदासी को मिटाकर अपनी बातों से मुझे हंसाना तुम
मै बहुत ही अजीब सा लडका हूं अगर मै ना भी करूं तुम्हे पहले मैसेज
तो करके बातों की शुरूआत मुझसे खुद को मिलाना तुम
तुम्हारे सिवा कोई नही है दूजा मेरे पास जो समझता हो
मुझे इसलिए मुझसे नाराज होने पर भी मेरा साथ निभाना तुम
तुमसे सिर्फ थोडा सा वक्त मागूंगा हरदम
इसलिए जब भी मै करूं तुमको मैसेज और तुम रहो व्यस्त तो मुझे जरूर बताना तुम
तुम जैसे हो तुम मेरे हो हमेशा ऐसे ही रहो यही चाहत है मेरी
इसलिए चाहे कुछ भी हो जाए कभी भी खुद में कोई बदलाव मत लाना तुम
बेशक कई बार मेरी अजीब हरकतों से तुम्हे परेशानी भी होगी,
पर मेरी गलतियों को समझकर नादानी मुझे सही गलत समझाना तुम
आज इंसान सिर्फ जरूरत के लिए ही रिश्ते बनाता है मगर तुम मेरी जरूरत नहीं हो इसलिए नकारात्मक बातों को सोचकर बिल्कुल भी मत घबराना तुम
हमारा रिश्ता थोडे दिनों से ही है मगर समझकर मुझे अपना ही हमारे इस रिश्ते की उम्र बढाना तुम
मै तुम्हे याद करूं या नही, पर हर वक्त, हर पल

अपना मेरे ही मन के भीतर रहकर बिताना तुम

7. हो सके तो साथ दे दो

हमारे बारे में दूसरों से ना पूछो इस दुनिया का हर इंसान हमें बुरा बताएगा
अगर कहते हो अपना दोस्त हमें तो आकर पूछ लेना हमारा हाल हम खुश है या नही पता चल जाएगा
तुम जो चाहे तो दे दो सजा कोई भी हमें जरा भी दर्द ना होगा,
पर मत छोडना साथ हमारा, तुमसे बिछडने पर हमारा सब कुछ छिन जाएगा
हमें मालूम है कि सबके पास कई सारे दोस्त रहते हैं
पर हमारे पास नही है कोई तुम जैसा इस बात को तुम्हे अब कौन समझायेगा
तुम तो अकेले भी रह सकते हो बिछड कर हमसे
पर सोचो तुम्हे याद किये बिना भी कैसे हमारा एक पल भी गुजर पायेगा
जिस दिन से हमारा रिश्ता बना है तुमसे उस दिन से तो हमने लोगो से दूरियां बना ली है, अब अगर तुम भी रहोगे खफा हमसे तो कौन हमारा साथ निभाएगा
ये सच है कि कोई भी अच्छाई नही है मेरे अंदर,
पर आज के जमाने में तुमको सिर्फ तुमको अपना कौन बनाएगा
जिसको देखो, सिर्फ जरूरतों से रिश्ता बनाता है,
लेकिन तुम सिर्फ साथ रहो मेरे, मेरा ये मन सिर्फ तुम्हारी खुशियाँ ही चाहेगा
हो सके तो समझो जरा हमको भी, ये इंसान तुम जैसा तो नही है
पर ये खुद को मारकर भी तुम्हे दुख नही पहुंचाएगा
एक एक लम्हा तुम्हारी तस्वीरों को देखकर गुजरता है,

यकीन ना हो तो करो एक मैसेज, तुम्हारे मैसेज से पहले हमारा रिप्लाई तुम तक आयेगा
तुम्हारा साथ पाने से हम बदल से गए हैं,
जो खुद होगा बुरा वही तो मुझे भी आजतक बुरा बतायेगा

8. सबसे अच्छी दोस्ती है

तुम सबसे प्रिय दोस्त हो मेरीख् तुमसे मेरा रिश्ता मतलब के लिए नहीं है
तुम कभी रहोगी परेशान अगर तो मै तुम्हारी परेशानी में हौसला बढाऊंगा
तुम चाहे मेरे शहर में रहा या रहो कहीं दूर तुमसे मिलने मै हर शहर हर गली तक आऊंगा
कोशिश रोज ही करता हूॅ मै तूम जैसा बनने का
पर तुम सबसे अलग हो मै तुम जैसा शायद ही बन पाऊंगा
मेरी हर कविता में ही मै तुम्हारा जिक्र करता रहता हूं
तो तुम्ही बताओ मैं कैसे तुम्हे किसी दूसरे विषयों पर कविता सुनाऊंगा
तुम दोस्त हो ये तो सब जानते हैं पर तुम सिर्फ दोस्त नहीं बल्कि मेरे घर की सदस्य भी हो
इस बात से मै सबको अवगत कराऊंगा
दोस्ती तो मेरी बहुतों से हुई पर कोई मिला ना हमें तुम जैसा,
इसलिए ही तुमको मै सिर्फ और सिर्फ अपना ही दोस्त बताऊंगा
तुम किसी बात को ज्यादा सोचा मत करो,
क्योंकि अगर तुम रहोगी चिंतित तो मै कैसे मुस्कुराऊंगा
अगर नाराज हो तुम हमसे तो मुझे माफ करदो,
मै अनजाने में भी अब कोई गलती ना दोहराऊंगा
मेरी इच्छा है कि तुम हमेशा ऐसे ही मेरे साथ रहो,
मेरा भी वादा है तुमसे कि इस दोस्ती के रिश्ते को हर जन्म में निभाऊंगा
कामों के अलावा थोडा सा समय इस दोस्त के लिए भी निकाला करो

काश तुम समझ पाते

मै सिर्फ और सिर्फ तुमसे इतना ही कहना चाहूंगा

9. बचपन दुबारा चाहिए

काश वो बचपन फिर लौट आए
काश वह बचपन लौट आए जिसमें हम दिन भर दोस्तों के संग मस्तियां करते थे,
मैं वह दिन दोबारा पाना चाहता हूं
काश वह बचपन लौट आए जिसमें हम खेलते खेलते हर काम किया करते थे,
मै वैसा ही बन दोबारा जाना चाहता हूं
काश वह बचपन लौट आए जिसमें हम बिना किसी चिंता के मनमौजी तरीके से
जिया करते थे, मै वह जिंदगी पुन: बिताना चाहता हूं
काश वह बचपन लौट आए जिसमें हम स्कूल जाते वक्त ढेरो नखरे मस्तियां करते थे,
मै उस दौर में जाकर फिर से शैतान बन जाना चाहता हूं
काश वह बचपन लौट आए जिसमें हम मम्मी पापा के साथ बैठकर हम ढेरों गपशप किया करते थे,
मै आज फिर से अपने परिवार के संग उसी तरह से बैठकर हंसना मुस्कुराना चाहता हूं
काश वह बचपन लौट आए जिसमें हम उसे कोई गलती होने पर हमें सिर्फ समझाया जाता था,
मैं जाकर अपने बचपन में इन दिनों हमसे जलने वाले लोगों को भुलाना चाहता हूं
काश वह बचपन लौट आए जिसमें हम नंगे पांव भी हम हर जगह घुमा फिरा करते थे,
मैं बचपन की तरह ही उल्टी चप्पल पहन कर अपने कदम बढाना चाहता हूं

काश वह बचपन लौट आए जिसमें हम
बिना किसी रोक-टोक के हर जगह हम घुमा फिरा करते थे,
मै उस बचपन के दिनों में जाकर खुद को हर जगह बेखौफ होकर घूमना चाहता हूं

10. भारत ये रहना चाहिए

बंगाल में अत्याचार की आंधी बहने लगी है
अब खुद को सुरक्षित रखते हुए इस आंधी में इस बंगाल को बचाना होगा
जुल्म और जबरदस्ती करने वाले शैतानों से बंगाल सहित
पूरे देश के लोगों को बुराई से लडने के लिए आगे आना होगा
दूसरों पर जो अत्याचार हुए हैं बीते दिनों बंगाल में
वह ना हो किसी अपने के संग इसलिए सबको अब हथियार उठाना होगा
अब इस देश के वीरों की तरह हिम्मत के साथ बुराइयों के खिलाफ
तेज आवाज में जोर जोर चिल्लाना होगा
चाहे बंगाल हो या बिहार हर राज्य ही भारत की संतान है
इसलिए भारत की रक्षा में हमें एकजुट होकर कदम बढाना होगा
बढते कोरोना के संक्रमण से बचने के साथ साथ हमें आतंकी साजिश करने वाले विद्रोहियों से भी बचकर इस देश में सामाजिक समरसता लाना होगा
रोज रोज हो रही घटनाओं को रोकने के लिए देश के हर कोने में वीरों की भॉति
सब के मन में आग लगाना होगा
ये देश हमारा गौरव है इस देश की रक्षा की खातिर कई बार
हमें अपने देश की चिंता छोड अपने प्राणों की बाजी लगाना होगा
जैसा माहौल बीते दिनों पश्चिम बंगाल में बना, वैसा माहौल अब दुबारा देश में कहीं ना जन्मे इसलिए हमें हर कोशिश करके भारत मां के संतान होने का फर्ज निभाना होगा
ये देश ना कभी झुका है और ना कभी झुकेगा, हर चुनौती का डटकर करेंगे हम सामना और मिलकर हराएंगे विरोधी ताकत को हम ये

बात पूरे विश्व को समझाना होगा

11. तुम सबसे अलग हो

तुम्हारी क्या तारीफ करूं मैं तुम सबसे अलग हो
जैसा मैने अब तक दूसरा कोई पाया ही नहीं
शायद तुम जैसा दोस्त मिलना भाग्य में ही था
क्योंकि तुम जैसा कोई मेरी जिंदगी में अब तक आया ही नहीं
मै तुम्हारी तरह तो नहीं बन सकता क्योंकि हर इंसान यही कहता है कि
तुम जैसा भगवान ने दूसरा बनाया ही नहीं
मै बेशक काफी कम जानता हूं तुमको मगर इतना यकीन से कह सकता हूं कि
तुमसे जुडा हर इंसान खुशकिस्मत है
क्योंकि जिसके साथ तुम हो उसने तो कभी आंसू बहाया ही नहीं
दूसरों के अंदर तो हर कोई सिर्फ कमियां देखता है, लेकिन तुम अकेली ऐसी लडकी हो जोकि मानती हो कि इस संसार में कोई भी सर्वश्रेष्ठ कभी कहलाया ही नहीं
हर किसी के सोचने समझने के तरीके अलग-अलग जरूर होते हैं मगर जितना गहराई से सोच सकती हो तुम इतनी गहराई में तो कोई कभी जा पाया ही नहीं
भले आजकल लोग अपनी जिंदगी में व्यस्त होकर बेहद दुखी रहते हो पर तुम्हारा दोस्त हूं इसलिए कोई भी दुख कभी मुझे सताया ही नहीं
बात चाहे अच्छे आचरण की हो या फिर मानवता के धर्म की, मैं दावे से कह सकता हूं कि तुम्हारी तरह कोमल हृद्य हर किसी के सीने में समाया ही नहीं
दोस्त तो मेरे पास भी ढेर सारे हैं, मगर अब तक
हर किसी ने सिर्फ जरूरत के लिए साथ दिया है,

मुझे परेशान देख तुम्हारी तरह परेशानी पूछने कोई आया ही नहीं
कई बार मेरी बातें भी लोगो को तकलीफ दे जाती है,
मगर सच कहता हूं कि मै अनजाने में बेवजह किसी पर चिल्लाया ही नहीं

12. इश्क करके गुनहगार हो गए

हमने पूरी ईमानदारी से उससे इश्क किया पर उन्होने हमारे इश्क के मजाक समझा
हमने सिर्फ उनसे मिलने की कोशिशें की पर
उन्होने हमारी कोशिशों को महज इत्तेफाक समझा
हमनें उनकी यादों में लिपटकर बनाई उनकी तस्वीर जिस कागज पर
उसे उन्होने सिर्फ और सिर्फ खाक समझा
सिर्फ उनसे ही हमारा रिश्ता था जो कि हमें हमसे भी बढकर था
पर उन्होने हमें हरदम ही गुस्ताख समझा
गलतियां थोडी बहुत हमसे भी जरूर हुई सच्चे रिश्ते को निभाते वक्त
पर यकीन करने की बजाय उन्होने हमें बुरा और चालाक समझा
हमारी तो कई रातें सिर्फ उनके ही खयालों में गुजरी
और हमनें जब भी भेजें प्रेम के संदेश उनके पास तो उन्होने उन पत्रों को तलाक समझा
बदलत रहा है हर दिन व्यवहार उनका ही पर हर बार ही
खुद की बजाय हमको ही रिश्ते में खतरनाक समझा
उन्होने तो बार बार कई तरीकों से हमारी जान लेनी चाही
पर उनकी दी हुई हर चीज को हमने सेहतमंद खुराक समझा
शायद गलती थी हमारी जो हमनें इतनी गहराई से इश्क किया
क्योकि जरूरत खत्म होने पर उन्होने हमारी जिंदगी के ही जली हुई राख समझा

13. दोस्ती

जब तुमसे मिला तो उस पल लगा जैसे कि
कोई अपना ही हमसे मिलने यूं आज आया है
सच कहूं तो कई बार तुम्हे बपना देख लगता है कि
मेरे इस जीवन में मैने भी बहुत कुछ कमाया है
अच्छाइयां भले ना हो कोई मुझमे पर यकीन करो तुमको मैने पूरे दिल से अपनाया है
बातें कम होती है तुमसे पर फिर भी मेरी जिंदगी में इस दोस्ती का ही सबसे बडा साया है
फर्क नहीं पडता कि तुम्हारे लिए अपना हूं या पराया
पर जब आती है तुम्हारी याद तो लगता है कि खुदा ने तुम्हे सिर्फ मेरे लिए ही बनाया है
भले तुम मुझे अपना दोस्त भी ना मानो पर मेरे लिए तुम बहुत प्रिय हो
तभी तो कई बार मैने अपनो गमों को भूलकर तुम्हे हंसाया है
बेशक तुम्हारी जिंदगी में कई सारे दोस्त हैं
लेकिन मैने तो सिर्फ तुमसे ही सारे रिश्तों को निभाया है
कई बार तो ऐसा पल भी आया कि
जब मैने खुद की सभी तकलीफें सिर्फ और सिर्फ तुमको ही बताया है
कोशिश मैने भी की है सब कुछ भूलकर अपनी जिंदगी में व्यस्त रहने की
लेकिन तुमसे बातें करने को ही कई बार मैने हर काम को भुलाया है
तुम्हे मिलने से पहले भी कई सारे दोस्त थे मेरे,
पर तुमसे मिलने के बाद खुद को भी तुम्हारी ही तरह बनाया है

14. सब बदल रहा है अब

ए दोस्त गलती तुमसे नहीं सिर्फ हमसे हुई है
हम तुम्हारी दोस्ती के लायक हैं ही नहीं शायद तो तुम भी क्यों मेरा साथ निभाओगे
दिन भर रहता हूं उलझनों में घिरा हुआ,
तुम भी रहते हो व्यस्त तो मुझसे बातें कैसे कर पाओगे
दोस्तों के अलावा मुझे मुझसे जरूरी कोई नहीं है, पर तुम्हारे पास तो ढेरों दोस्त हैं
फिर क्यों तुम सिर्फ हमारे साथ रहकर अपना समय बर्बाद बनाओगे
आदत सी हो चुकी है तुम्हारी हमें और हमें पता भी हैं कि
तुम्हारे लिए हम आम इंसान है तो तुम क्यों मेरे सिर्फ मेरे बनकर जीवन बिताओगे
काफी दर्द होता है जब तुम छुपाते हो कोई भी बात हमसे,
सोचो जिस दिन हम खुद को छुपा लेंगे तुमसे उस वक्त तुम हमें कैसे मिलने आओगे
इस जीवन में तो हमनें भी बहुत से दर्द पालें हैं पर तुम सच सच बताओ,
हमसें दूर रहकर क्या तुम कभी मुसकुराओगे
आज भले दूसरों के खातिर तुम हमारा नाम लेने से भी कतराओं
पर जब कोई छोड देगा तुम्हे अकेला तो क्या तुम एक कदम भी अकेले पैर चलाओगे
हां जानता हूं अपनी बकवास बातों से तुम्हे सिर्फ परेशान ही करता हूं मैं,
पर मेरा यहां तुम्हारे सिवा कोई अपना नहीं है शायद ये तुम अब भूल ही जाओगे

तुमने तो फरेब करके हमें सिर्फ रूलाया ही है, लेकिन कभी तुम्हारे अपने भी करें छल तुम्हारे संग तो क्या ऐसे लोगों से तुम दुबारा नजरें मिलाओगे
दोस्त हो और हमेशा ही सबसे प्रिय रहोगे हमको पर
ये भी सच है कि दूसरों के बनकर तुम बहुत जल्द ही बदल जाओगे

15. मन के शब्द

मै उदास रहकर भी किसी को कभी भी अपने दुख का एहसास कराता नहीं हूं
मुझे चाहे ये जमाना याद रखे या नहीं, पर मैं किसी को भी भुलाता नहीं हूं
मै चाहे कितना भी व्यस्त क्यों ना रहूं,
अपनी व्यस्तता के कारण में किसी को तड़पाता नहीं हूं
समय की तरह इंसान भी आज बदलने लगे हैं
लेकिन दूसरों की तरह बदलना मैं चाहता नहीं हूं
मुश्किलें तो मेरी जिंदगी में भी कई सारी आती है
पर मैं दूसरों की तरह मुश्किल आने पर घबराता नहीं हैं
कहते हैं कि गुस्से में लिया गया हर फैसला बाद में हमें ही तकलीफ देता है
इसलिए मैं कभी भी किसी से गुस्साता नहीं हूं
कमियां तो सबके जिंदगी में ही रहती है पर दूसरों की तरह दूसरों कि
कमियां मै सबसे बताता नहीं हूं
इस मतलबी जमाने में तो हर कोई सिर्फ मतलब कि खातिर रिश्ते बनाए रखता है
पर मै कोई भी रिश्ता फायदे पाने की खातिर बनाता नहीं हूं
ए मित्र तुम बेशक मुझसे बात करना बंद करदो,
पर सच कहता हूं कि बिना तुम्हे याद किए मै पल भर का समय भी बिताता नहीं हूं
अपनी किस्मत से ज्यादा अपनी मेहनत पर करता हूं यकीन मैं
इसलिए ही काम को मेहनत से अंजाम देता हूं और अपनी किस्मत को हर जगह आजमाता नहीं हूं

आज तो कदम पर लोग सच्चे रिश्तों को नए इंसान की खातिर तोड़ देते हैं
पर मैं कभी भी किसी के साथ झूठें रिश्ते निभाता नहीं हूं

16. वही है मेरी मॉ

जिस औरत को मैने जीवन मे सबसे पहले हमने जाना वही हैं मेरी मां

जिस औरत के चरणों में रहकर मुझे है अपनी ये जिंदगी को बिताना वही हैं मेरी मां

जिस औरत के साए में लिपटकर हर बुराई को चाहूं जड़ से मै मिटाना वही हैं मेरी मां

जिस औरत ने खुदा से भी लड़कर मेरी हर इच्छा को पूरी चाहा कराना वही हैं मेरी मां

जिस औरत ने दुनिया की हर अच्छाई को चाहा मुझे सिखाना वही हैं मेरी मां

जिस औरत नें खुद भूखे रहकर भी मुझे चाहा सबसे पहले खाना खिलाना वही हैं मेरी मां

जिस औरत ने पापा के गुस्से से बचाकर हर बार चाहा है मुझे छुपाना वही हैं मेरी मां

जिस औरत ने स्कूल जाते वक्त हर रोज कहा की जल्दी आना वही हैं मेरी मां

जिस औरत ने हमेशा सिखाया कि ना कभी खुद रोना
और ना किसी को रूलाना वही हैं मेरी मां

जिस औरत ने मुझे कभी किसी दर्द में देखकर चाहा गले लगाना वही हैं मेरी मां

जिस औरत की खुशियों का मुझे हंसते देख नहीं रहता था कोई ठिकाना वही हैं मेरी मां

जिस औरत की तरह इस संसार में हर लडकी को भगवान चाहे बनाना वही हैं मेरी मां

जिसने मेरी गलतियों पर रूठने की बजाय मुझे सबसे ज़्यादा है माना वही हैं मेरी मां
जिस औरत के लिए पढकर लिखकर मैं चाहूं सारी खुशियों को कमाना वही हैं मेरी मां
जिस औरत की संतान बनकर मै चाहूं हर युग-कलयुग में जीवन पाना वही हैं मेरी मां

17. जब जरूरत भी तो तुम थे

तुम्हारी कोई जरूरत नहीं है अब तो क्यों तुमसे अब भी रिश्ता निभाएं हम

तुम्हारी कोई जरूरत नहीं है अब तो क्यों तुमको अपनी यादों में लाएं हम

तुम्हारी कोई जरूरत नहीं है अब तो क्यों तुमसे नजदीकियां बढ़ाएं हम

तुम्हारी कोई जरूरत नहीं है अब तो क्यों तुम्हारी बातें अब भी सुनते जाएं हम

तुम्हारी कोई जरूरत नहीं है अब तो क्यों तुमको अपना बताएं हम

तुम्हारी कोई जरूरत नहीं है अब तो क्यों तुमसे मिलने आएं हम

तुम्हारी कोई जरूरत नहीं है अब तो क्यों तुमको अपनी बातें बताएं हम

तुम्हारी कोई जरूरत नहीं है अब तो क्यों तुम्हारी बातें सुनकर मुस्कुराएं हम

तुम्हारी कोई जरूरत नहीं है अब तो क्यों तुम्हारी तरह खुए को बनाएं हम

तुम्हारी कोई जरूरत नहीं है अब तो क्यों तुमको अपने दिल में बसाएं हम

तुम्हारी कोई जरूरत नहीं है अब तो क्यों हर वक्त तुम्हें खुद का बनाएं हम

तुम्हारी कोई जरूरत नहीं है अब तो क्यों तुमको अपनाएं हम

तुम्हारी कोई जरूरत नहीं है अब तो क्यों सिर्फ तुम्हरे ही कहलाएं हम

18. हर कोई तड़पता हैं

कोई तड़पता हैं सच्चे प्यार को पाने के लिए
कोई तड़पता हैं किसी अपने को भुलाने के लिए
कोई तड़पता हैं गम भूलकर मुस्कुराने के लिए
कोई तड़पता हैं सब कुछ पाकर दूर जाने के लिए
कोई तड़पता हैं कामयाब बनकर दिखाने के लिए
कोई तड़पता है गलती होने पर गुनाह मिटाने के लिए
कोई तड़पता हैं ढेर सारा पैसा कमाने के लिए
कोई तड़पता हैं गुस्से में हुए विवाद को सुलझाने के लिए
कोई तड़पता हैं हर रोज की तड़प से खुद को बचाने के लिए
कोई तड़पता हैं मुश्किल दौर में भी धैर्य अपनाने के लिए
कोई तड़पता हैं दूसरों की खातिर खुद को आजमाने के लिए
कोई तड़पता हैं घर से दूर जाकर दुनिया घूमकर आने के लिए
कोई तड़पता हैं खुद से पहले दूसरों को हर संभव सुख पहुंचाने के लिए
कोई तड़पता हैं छोटी छोटी खुशियों को बड़ा बनाने के लिए
कोई तड़पता हैं जवानी छोड़ दुबारा बचपन में खो जाने के लिए

19. सब कुछ इतना आसन नही है

संघर्षों की इस दुनिया में कुछ सवालों के जवाब नहीं है
सिमट जाए जिस जगह आकर सब के आंसू एक बार में दुनिया में ऐसे तालाब नहीं हैं
गम तो सबके पास दिख जाता है
मगर हैरानी की बात है कि किसी के पास खुशियों का सैलाब नहीं है
दिखावा करने में तो हमने भी कसर छोड़ी नहीं कोई
मगर अपनों के बिना हम कोई नवाब नहीं है
सपनों को पूरा करने की कोशिश तो सबकी होती है।
मगर जो आसानी से पूरे हो जाए वह कोई ख्वाब नहीं है
बार-बार जिनसे बातें करने का मन हआ हमारा
ऐसे लोगों की कितनी याद आई हमको उसका कोई हिसाब नहीं है।
शिक्षित होने के लिए सिर्फ अध्ययन करना आवश्यक नहीं
कुछ अनुभव करना भी जरूरी है, जिसके लिए कोई किताब नहीं है
इस जमाने में सब कुछ मिल जाता है
मगर बुराई के राह में चलने वालों को छुपाने के लिए कोई नक़ाब नहीं है
सबकी जिंदगी में कुछ लोग अक्सर ऐसे जरूर होते हैं।
जिनकी फिक्र चाहे जितनी भी कर लो
लेकिन वह हमेशा सब से यही कहते फिरते हैं कि हमें उनसे कोई लगाव नहीं है

20. ये मतलबी

इस मतलबी दुनिया की बात भी करना अब जरूरी नहीं लगता क्योंकि
जिन्होंने हमारे लिए बद-दुआएं की उनसे भी हमारा कोई मनमुटाव नहीं है
सब कुछ आसानी से पा लेना इतना भी आसान नहीं
क्योंकि जो आसानी से भर जाए वह गहरा घाव नहीं है
लोग तो कई बार बेवजह ही नाराज हो जाते हैं हमसे मगर
सच्चाई तो यह है कि हम किसी को नाराज कर दें ऐसा हमारा बर्ताव नहीं है
बदल गया है सब इस जमाने में | इसलिए मुझे खुद में बदलाव लाने दो
क्या जरूरी है सब कुछ साफ-साफ कहना अगर नहीं तो मुझे भी कुछ बातें छिपाने दो
अपनों पर यकीन करके बहुत जख्म पाए हैं हमने
इसलिए अब कुछ गैरों पर भी यकीन आजमाने दो
जिन्हें लगता है कि हम तकलीफ देते हैं
उन्हें ए खुदा ऐसे लोगों को दूर करके हमसे उन्हें खूब मुस्कुराने दो
कोशिश हमने भी की थी सबका बनकर रहने की मगर
अब इस फरेबी दुनिया से हमें खुद को दर ले जाने दो
या गलत किया मैंने अगर किसी की फिक्र कर ली
अगर किसी की परवाह करना गलती है तो मुझे बेशक उसकी सजा पाने दो
यू ही गुजर जाते हैं कई पल लोगों को समझने में मगर देख ली
असलियत इस दुनिया की हमने भी इसलिए अब हमें खुद को सबसे अलग बनाने दो

21. हर रिश्ते में मुस्कुराना चाहिए

भले किसी से कभी बात ना की हो फिर भी अगर दोस्ती हो तो साथ निभाना चाहिए
समय को दोष दिए बगैर हर कोशिश करके टूट रहे संबंधों को अवश्य बचाना चाहिए
जल्दबाजी में कोई फैसला करके अपनों को दुख देकर फिर नहीं पछताना चाहिए
यकीन हर रिश्ते की जड़ होता है इसलिए अगर यकीन ना हो तो रिश्ते नहीं बनाना चाहिए
जिस रिश्ते को अपने व्यवहार से मीठा बनाया है हमने
उस रिश्ते को पराए लोगों की बात में आकर नहीं मिटाना चाहिए
जरूरी नहीं कि हर रिश्ता खून का ही हो अगर रिश्ता यकीन से बना है
तो उस रिश्ते की उम्र बढ़ाना चाहिए
हर रिश्ते को गहरा बनाने के लिए समय देना पड़ता है
इसलिए कभी भी अपने साथी को समय कम देकर नहीं तड़पाना चाहिए
किसी रिश्ते में अगर आपसी मतभेद बढ़ जाए तो
रिश्ते को खत्म करने की बजाय कोशिशें करके मतभेद हटाना चाहिए
हमारा साथी अगर कभी हमसे नाराज हो भी जाए तो
हमें खुद को गुनहगार मानकर अपनो को मनाना चाहिए
फिर से कहता हूं.........
हर रिश्ते की जड़ यकीन होता है इसलिए कभी भी अपनों पर शक के पैमानों को नहीं आजमाना चाहिए

22. मैं कोशिश जरुर करूंगा

जिन रास्तों पर चलकर जीत की बजाए हार मिली है
उन रास्तों पर फिर जाकर जीतना चाहूंगा मैं
जिन गलतियों के कारण असफलताएं मिलती है
अब उन गलतियों को भी मिटाऊंगा मैं
भले कितनी बार भी कोशिशें करनी पड़े कामयाब होने के लिए |
मेरा वादा है जल्द ही शिखर पर खुद को पहुंचाऊंगा मैं
इस फरेबी दुनिया में साधारण भाव से रहना असंभव सा हो गया है।
फिर भी सदैव मन कोमल रखकर ही कदम बढ़ाऊंगा मैं
इतनी आसानी से हार नहीं मानंगा बल्कि अपनी काबिलियत से
समाज में उचित स्थान कमाऊंगा मैं
मुझमें चाहे हजारों कमियां मौजूद हो मगर मेरा भी वादा है
कि हर कमी जीवन से हटाऊंगा मैं
मेरे मार्गदर्शक मेरे परिवार के लोग ही है।
इसलिए अपने कार्यों को सिद्ध करके उनको खुशी दिलाऊंगा मैं
कुछ लोग हैं जो मुझे तोड़ने की कोशिश कई बार करते है।
मगर मैं सबकी इज्जत करता हूं इसलिए बेगानों को भी गले लगाऊंगा मैं
इस भागती दुनिया में भले मैं तेजी से दौड़ ना पाऊं कामयाबी की ओर
मगर फिर भी बार-बार कोशिश करके दिखाऊंगा मैं
फिर से कहता हूं
मुश्किलों से डरूगा नहीं,
बल्कि फिर से एक बार अपने कदम बढ़ाकर चलना चाहूंगा मैं

23. बदलते लोग

समय की तरह तुम बदल क्यों रहे हो
वजह क्या है जरा बताओ तो
बात करने का मन नहीं होता या फिर कोई मिल गया है दूसरा
अब सच को सामने लाओ तो
मैं कई बार रूठ जाता हूं तुम्हें व्यस्त देखकर अगर तुम्हें फर्क पड़ता है
इन बातों से तो आकर मुझे मनाओ तो
कई बार बातों को सही से समझना आसान नहीं होता
इसलिए तुम बातों को बोले बगैर मुझे समझाओ तो
क्या हो गया अब तुम्हें क्यों बदलते जा रहे हैं
इन रिश्तो के मायने वजह चाहे जो भी हो एक बार मेरी खातिर फिर से मुस्कुराओ तो
दिवाली आने को है और सबके घरों में खुशियां आ रही है
इसलिए मेरी हर खुशी बनकर पास मेरे तुम आओ तो
नाराजगी की वजह चाहे जो भी हो तुम्हारी अब इतना भी क्यों रूठना
चाहे गलतफहमियां जो भी हो उन्हें तुम मिटाओ तो
मैं मान लेता हूं कि तुमको नए लोग मिल गए होंगे हमसे भी अच्छे
हो सके तो जिन्होंने तुम्हें बदला है उनसे एक बार मुझे मिलाओ तो
मैं लाख कोशिशें करता हूं कि अगर मैं तुमसे बात ना करूं तो
ऐसा देख तुम एक बार मुझ पर चिल्लाओ तो
सब कुछ मिल जाता है सिर्फ तुम्हारी याद आने पर ही
इसलिए संभव हो अगर तो हर पल अपनी याद मुझे दिलाओ तो

24. बहन भी दोस्त है

बहन ही है जो हमारी मुसीबतों में हमारी परछाई बन जाती है
बहन ही है जो राखी के रिश्ते साथ-साथ अच्छी मित्रता भी दर्शाती है
बहन ही है जो सारी जिम्मेदारियों को निभाते हुए थकने पर भी वह कभी थकती नहीं है ऐसा जताती है
बहन ही है जो सगी ना होने पर भी दिल से रिश्तो को निभाती है
बहन ही है जो हमें दुखी देख अपनी बातों से हंसाती है
बहन ही है जो घर के सारे कामों में मां का हाथ बटाती है
बहन ही है जो एक दोस्त की तरह हमारी कमियों को दुनिया से छुपाती है
बहन ही है जो समय-समय पर छोटी होकर भी हमारा भला चाहती है
बहन ही है जो अपने भैया दीदी का सहारा बन सबकी दुलारी कहलाती है
बहन ही है जो हमेशा साथ रहकर सबसे अच्छी दोस्त भी कहलाती है
बहन ही है जो अपनी दीदियों का साया बनकर कठिन रास्तों पर भी चलती जाती है
बहन ही है जो जिंदगी की हर समस्या को खुद की कोशिशों से मिटाती है
बहन ही है जो घर पर ना हो तो उसकी कमी पूरे घर को सताती है
बहन ही है जो अपनी चंचलता से पूरे घर को लुभाती है

25. तुमको मेरा साथ देना ही होगा_

मैं बात करूं या नहीं तुम मुझसे बातें हरदम करते ही जाना
आसपास रहूं या नहीं तुम दूर होकर भी मेरा साथ जरूर निभाना
हां सबकी तरह नहीं हूं मैं मुझे सिर्फ कुछ लोग ही पसंद आते हैं हो सके तो मेरे लिए ,
कुछ लोग तुम्हीं बनकर आना
एक बात कहूं समझना जरूर.......
अगर ये नज़रें ना मिलें हमारी तो भी तुम इन आंखों में ही नज़र आना
मेरे खिलाफ़ शायद कई लोग बोलेंगे बातें तुमको हो
अगर यकीन मुझपे तो किसी और की बातों में मत आना
तुम्हारा साथ ही चाहिए मुझे हर मोड़ पे हो हालात चाहे जो तुम मेरे साथ ही कदम बढ़ाना
पास बैठकर हमारी बातें तो होती नहीं हैं तुम दूर होकर भी मुझसे कुछ भी न छिपना
सुहानी रात हो या रहें भोर उजाला
जब भी हो मेरी जरूरत मैं आ जाऊंगा बस तुम आवाज तो लगाना
हां जिक्र इस रिश्ते का मैं खुद से ही करता हूं
तुम मेरे हो और मेरे ही बनके हर बार दुनिया में आना
तुमसे क्या रिश्ता हैं ये बयां करना आसान नहीं हैं
पर सच हैं ये कि तुम्हारे सिवा मुझे किसी को भी नहीं हैं अपनाना

26. ये अजीब जिन्दगी

अब मन बड़ा हैरान रहता हैं सच कहूं तो कोई भी काम मन से नहीं हो पाता हैं
वजह जो भी हो मगर दुविधा में हैं दिमाग
क्यों कोई इंसान जरूरी होने पर ज़रा भी साथ नहीं निभाता हैं
कहने की इच्छा तो बहुत होती हैं अपने मन की बातें
मगर कमबख्त ये आंसू उदास होने से पहले ही बहने लग जाता हैं
बेशक किसी एक की गलती नहीं होती हैं किसी तकरार में
मगर वो तो हर दर्द का कारण मुझे बताता हैं
मैं नहीं करता अपनी दास्तां को हर किसी के सामने बयां वो बखूबी जानता हैं मुझे शायद तभी मेरी खामोशी को पहचान जाता हैं
इक रोज मैंने भी कोशिश की थीं उसे समझने की
मगर वो आसानी से किसी को भी समझ कहां आता हैं
ज़ख्म नहीं हैं ये शायद कीमत है मुस्कुराने की वर्ना कहां कोई चेहरा बेवजह मुस्काता हैं
आज लंबे अरसे बाद चाही थी मैंने थोड़ी खुशियां मगर मुझे ये रब भी बेहद सताता हैं
जल्दबाज़ी में नहीं करना हैं
अब कोई फैसला कुछ सोचता भी हूं अच्छा तो हो बुरा ही जाता हैं
हां सूरज भी दिन में चमकता जरूर हैं मगर जब आती हैं
रात तो चमकने वाला सूरज भी अंधेरे में खो जाता हैं

27. वो सबसे अलग है

हर अपने और पराए इंसान में मुझे तो हर बार उसका ही चेहरा नज़र आता हैं
मैं परेशान हूं या खुश हूं वो बिना मिले भी मेरा असली हाल जान जाता हैं
उसके भीतर कोई भी कमी नहीं हैं लेकिन वो खुद को हमेशा ही कमज़ोर बताता हैं
उसकी हर बात सुनने लायक होती हैं वो अपनी हर अदा से मुझे लुभाता हैं
वो जानता तो काफ़ी अच्छे से हैं मुझे मेरी बातों को बोलने से पहले ही समझ जाता हैं
वो काफ़ी दूर रहता हैं मुझसे मेरी नज़रे उसको खोज नहीं पाती
मगर जब भी जरूरत होती हैं उसकी तो दूर होकर भी मेरा साथ निभाता हैं
जब भी कभी होती हैं मेरी आंखे नम वो मुझे उदास देख बेहद घबराता हैं
जिक्र उसका कितनी बार करूं मैं उसके बारे में एक शब्द लिखने का सोचूं
तो भी पूरा पन्ना भर जाता हैं
कई बार तो ऐसा भी चमत्कार हुआ हैं मेरे संग कि याद उसको किया
तो याद करते ही उसका कॉल आ जाता हैं
मन कोमल हैं उसका और तन से नादान हैं
क्यों वो इतना अच्छा हैं ये बात कभी नहीं बताता हैं
हां उस पर ज़रा भी संदेह नहीं मुझको वो साथ हैं मेरे
तभी तो जागते सोते हर वक्त सिर्फ वहीं नज़र आता है

28. सच्चाई और अच्छाई

दुनिया का बनावटी चेहरा देख भी ये दिल सब का साथ निभाता हैं
ये दिल बड़ा मासूम हैं सही गलत सोचे बिन हर किसी को अच्छा बताता हैं
मतलबी दुनिया और जरूरती लोगों के बीच आकर हर कोई दूसरों को ही गलत बताता हैं
क्या करना परवाह उनकी ज़रा बताओ तो जिनको ये मासूम दिल कातिल नज़र आता है
सब कुछ समझ लेना आसान तो नहीं पर आज के दौर में
हर कोई अपना असली रूप छुपाता हैं
हैरानी होती हैं आज ये माहौल देखकर यहां इंसा अपनों से पहले गैरों को ही अपनाता हैं
जरूरत हुई तो सबने हमें याद किया वर्ना कमबख्त
कौन बिन मतलब के हमें आवाज़ लगाता हैं
मैने देखा हैं इंसान के कई चेहरों को तंग होकर
कई बार मजबूत इंसान भी सहारे से काम चलाता हैं
खामोश रहना अब कोई बात कहने से ज्यादा बेहतर हैं
यूं अचानक सब कुछ बदलता देख ये दिल भर जाता हैं
एक बात मैं बताऊं, थोड़ा सा रुको और महसूस करो
तुम्हे हंसता देख सारा ज़माना तुमसे गुस्साता हैं
रात होते ही कई सवाल मन में घिर जाते हैं
क्यों आंसू देने वाला आंसू पोछने वाले से पहले याद में आता हैं

29. तेरा मेरा ये रिश्ता

तुमसे मिलकर ही मैने अपने आप को खुशनसीब माना हैं
तुमसे बना ये अटूट रिश्ता मुझे हमेशा के लिए पाना हैं
तुम्हारी हर इच्छा हो स्वीकार तुम खुश रहो हमेशा
मुझे तो बस तुम्हारी तरह बनके दिखाना हैं
मेरा हर दिन तुमसे बात करते ही गुजरे मुझे तो गहरे ख़्वाब में भी
तुमसे टकराना हैं
सिवा तुम्हारे कोई और नही समझता मेरी खामोशी को
तुम ही हो वो जिसको मुझे हर जनम में अपना बनाना हैं
मेरे पास नहीं है कुछ ऐसा जो मुझे तुमसे जरुरी हो
तुम ही हो मेरे पास जिसकी वजह से मुझे दुनिया ने पहचाना हैं
जन्मदिन तो मात्र एक जरिया है खुशियां मनाने का ,
तुम खुश रहो हमेशा तो ये सारा जीवन ही खुशियों से भर जाना हैं
मुझे खुद को भुलाकर रोज रोज सिर्फ और सिर्फ
तुमको याद करके सारा समय बिताना है
काफी खुश नसीब हूं मैं जो मेरी दोस्ती तुमसे हुई,
मुझे तुमसे बना ये रिश्ता आखिरी सांस तक निभाना हैं
मेरी आदत नहीं है किसी बात को दोहराने की मगर तु
म जरूरी हो मुझे इस बात को हर क्षण में दोहराना है
तुमसे सिर्फ तुम्हारा समय चाहिए तुमसे बातें होती रहें तो
मुझे ना चाहते हुए ही सारी खुशियां मिल जाना हैं

30. वो मुझे फिर भी चाहिए

उसे अब शायद मेरे साथ की जरूरत नहीं
पर मैं हमेशा उसका साथ परछाई की तरह निभाऊंगा
वो व्यस्त रहने के कारण
अब मुझसे बात करे या नहीं पर मैं हर बार टूटकर भी उसको अपनाऊंगा
कभी जो मुझसे कोई बात नहीं छुपाया आज वो खुद छिपने लगा है
पर मैं उसकी गलती होने पर भी खुद को कसूरवार ठहराऊंगा।
अब जबरन उससे समय मांगकर उसे तकलीफ़ कैसे दूं
पर जब भी वो करेगा मुझे याद मैं दूर होकर भी उसको पास नज़र आऊंगा
मेरी गलतियों पर मुझे समझाने की बजाय अब वो भी मुझे गलत बताने लगा
पर मैं गलत होने पर भी उसका ही कहलाऊंगा
| ये जरूरी तो नहीं की मेरा नसीब अच्छा ही हो शायद वो मेरे बिना ज्यादा खुश हैं
पर मैं तो उसका बनकर ही इस ज़माने में रह पाऊंगा
कैसे पूछु उसका हालचाल अब मैं
जिसे मेरे सवालों पे गुस्सा आता हैं पर उसे गुस्सा दिलाकर हर बार ही जाकर उसे मनाऊंगा
मेरी सांसों से ज्यादा जरूरी हैं वो , इस बात की ख़बर बखूबी हैं उसे
फिर भी वो तन्हाई महसूस करता हैं
पर उसे ऐसे माहौल से बचाकर मैं उसको कामयाब बनाऊंगा।
शायद मुझे याद किए बिन भी वो
अब जीने की कोशिश में हैं उसका फैसला क्या हैं ये मुझे मालूम नहीं

वो मेरा साथ दे या नहीं पर मैं उसको सदैव ही अपने जीने की वजह बतलाऊंगा

31. तुम्हारे लिए कोशिश की

तुम्हारे लिए तुम्हारे हर आंसू को अपनाने की कोशिश की
तुम्हारे लिए तुम्हारे साथ जीवन बिताने को कोशिश की
तुम्हारे लिए हर किसी को भुलाने की कोशिश की
तुम्हारे लिए व्यस्त होकर भी खाली हो जाने की कोशिश की
तुम्हारे लिए खुद के अंदर की हर कमी मिटाने की कोशिश की
तुम्हारे लिए खुद को हर जन्म में तुम्हारा बनाने की कोशिश की
तुम्हारे लिए तुम्हें तन्हा करके भी , तुम्हें सब कुछ समझाने की कोशिश की
तुम्हारे लिए तुमसे ही लड़कर तुम्हें हर बार पाने की कोशिश की
तुम्हारे लिए सबसे बचाकर तुम्हें इस दिल में छिपाने की कोशिश की
तुम्हारे लिए हर रोज टूटकर भी तुम्हें हर खुशी दिलाने की कोशिश की

32. सपनो की सैर

मंजिल को पा लेना आसान कहां हैं अभी तो शुरुआत हैं अभी तो चलते ही जाना है
हां नन्हे पांव के सहारे मुझे मंजिल की ओर जाना हैं
भटके हुए हैं हम कट रहा सफर हैं और अजीब सा ठिकाना हैं
क्या किया जाएं समझ कुछ नहीं आता बस इतना पता हैं
कि कोशिश करके जीवन को सफल बनाना हैं
कड़ी धूप हैं हवा चल रही गिरकर संभलना हैं और यूं ही कदम बढ़ाना हैं
कई सारे रास्ते दिख रहे हैं आंखों को समझ पाना थोड़ा मुश्किल हैं
कि असली में किस ओर हमें जाना हैं
उलझी हुई हैं जिंदगी ,
परेशान है हम लड़कर हर चुनौती से अपना रास्ता हमें खुद ही बनाना हैं
ज़ख्म गहरे है मेरे भी ,
मन हैरान बहुत हैं फिर भी अब अपनी मेहनत से सबको कामयाब होकर दिखाना है
दूसरों की तरह बनकर नहीं जीना हैं अपनी किस्मत को मुझे खुद ही चमकाना हैं
हां शायद समय लग जायेगा थोड़ा अपने मुकाम को पाने में
पर चुप बैठने की बजाय मुझे अपने सपनों को साकार बनाना हैं
चाहे कुछ भी हो जाए मैं हारूंगा नहीं
मुझे तो अभी लंबी दूरी तय करके खुद को कामयाबी दिलाना है

33. तुम समझा करो ना

_मैं हर वक्त कहूं बात करने को और तुम व्यस्त रहो तो बताया करो ना
मैं बार बार यू ही मिलने को कहूं और मिलना आसान ना हो तो
मेरे ख्वाबों में आकर बस जाया करो ना
रात हो या सुबह का सवेरा अगर आए याद मेरी
तो मुझे याद करते वक्त खूब मुस्कुराया करो ना
मुझे चिंता होती हैं तुम्हारी और डरता हूं तुम्हें खोने से इसलिए
तुम अपने सारे रिश्तों को मुझसे ही निभाया करो ना
इक बात तो सब जानते हैं कि समय का बदलना काम ही हैं
पर तुम इक जैसी ही रहकर सारा दिन बिताया करो ना
आ जाते हैं आंसू भी तुम्हें याद करके , मैं अजीब हूं पर गलत नहीं
मेरे पास रहकर तुम मुझे हंसाया करो ना
तकलीफ़ होती हैं जब तुम्हें देखता हूं किसी काम में उलझा हुआ
तुम्हें जब भी हो मेरी जरूरत तुम इक आवाज लगाया करो ना
मैं नहीं हूं तुम सा श्रेष्ठ और अच्छा
पर तुमसे ही सारी उम्मीद है रखता हूं
तुम मुझसे गुस्सा होकर भी मुझे गले लगाया करो ना
ये रिश्ता पास होने से नहीं विश्वास होने से बढ़ता हैं
तुम्हें जानना हो कुछ तो पूछा करो सब कुछ
और मुझे भी हर बात बताया करो ना
रात को तुम्हारी तस्वीर देख ही सोता हूं मालूम हैं तुम दूर हो मुझसे पर
तुम दूर होकर भी मेरे आसपास ही नज़र आया करो ना

34. तुम फिक्र ना करना

तुम फिक्र ना करना , मैं हर पल तुम्हारा साथ दूंगा
तुम फिक्र ना करना तुम जब भी चाहोगी मैं तुम्हें मिलूंगा
तुम फिक्र ना करना तुम्हें पीड़ा होगी तो मैं भी तड़पूंगा
तुम फिक्र ना करना मैं चुप होकर भी बहुत कुछ कहूंगा
तुम फिक्र ना करना मैं रात भर जागकर भी तुम्हें पूरा आराम दूंगा
तुम फिक्र ना करना हर किसी से लड़कर भी तुम्हारा ही रहूंगा
तुम फिक्र ना करना सब बदल जाएंगे फिर भी मैं न बदलूंगा
तुम फिक्र ना करना मैं छिपकर ही सही पर तुम्हारी फिक्र हरदम करूंगा
तुम फिक्र ना करना मैं ना होकर भी हर जनम में तुम्हारा ही रहूंगा

35. मुझे आदत हैं

हर मुस्कुराहट असली नहीं होती कई बार जबरन भी हंसकर दिखाना पड़ता हैं
मुझे आदत हैं हर बात को हंसकर कहने की पर कई बार जबरन भी मुस्कुराना पड़ता हैं
मुझे आदत हैं हर किसी के दर्द को अपना समझने की
पर कई बार सबको हंसाकर खुद को ही रुलाना पड़ता हैं
मुझे आदत हैं अपने गम छिपाकर सबको सारी खशी दिलाने की
पर कई बार देकर सबको रोशनी , खुद को अंधेरे में छिपाना पड़ता हैं
मझें आदत हैं हर किसी के मुश्किलों में सहारा बनने की
पर कई बार देकर सबका साथ खुद को ही तन्हां बनाना पड़ता हैं
मुझें आदत हैं हर रिश्ते को ईमानदारी से निभाने की
पर कई बार रिश्ते को बचाते हुए खुद को ही तड़पाना पड़ता हैं
मुझे आदत हैं अपनों का बनकर अपनों के साथ रहने की
पर कई बार अपनों के लिए अपना ही सब कुछ लुटाना पड़ता हैं
मुझे आदत हैं हर हर काम को मन लगाकर करने की
पर कई बार काम पूरा करके भी अधूरा सा नजर आना पड़ता है

www.ingramcontent.com/pod-product-compliance
Lightning Source LLC
LaVergne TN
LVHW041715060526
838201LV00043B/745
9798888695890